# A Bairn's Sang

# A Bairn's Sang

and Other Scots Verse for Children

## WILLIAM SOUTAR

edited by
Tom Hubbard

*with illustrations by*
*Sheila Cant*

MERCAT
PRESS

This edition first published in 1999 by Mercat Press
James Thin, 53 South Bridge, Edinburgh EH1 1YS

Poems by William Soutar © The National Library
of Scotland, 1999

Introduction and glossary © Tom Hubbard, 1999

Illustrations © Sheila Cant, 1999

Typeset in Footlight MT Light at Mercat Press
Printed and bound in Great Britain by
Redwood Books, Trowbridge, Wiltshire

# CONTENTS

INTRODUCTION  vii

## 1
## PLANTS
The Thistle  2
The Daft Tree  2

## 2
## BUGS
Coorie in the Corner  4
The Drucken Fuggie-
Toddler  4
Adventure  5
The Vaunty Flee  6
The Lowpin-Match  6
Day and Nicht  7
Wabster—The Spider  7
History  8

## 3
## BIRDS
Wullie Waggletail  10
The Cock and the Hen
10
A Weet Day  11
The Twa Craws  12
Corbie Sang  12
Tradition  13
Ae Simmer's Day  13
The Gowk  14

## 4
## BEASTS
Aince upon a Day  16
The Wish  16
Eeksy-Peeksy  17
The Waefae Wee Lassie
17
A Whigmaleerie  18
Forecast  18
Baukie—The Bat  19
Puddle-Doo  19
The Three Puddocks  20
Pastoral  21
Come and Go  22

## 5
## FOLK
The Twa Men  24
Wee Wullie Todd  24
Black Day  25
Wha Lauchs Last  25
The Princess Anastasia
26
Interlude  26

## 6
## PLACES
Holiday  28
Craigie Knowes  28
Buckie Braes  29

7

BALLADS

The Hungry Mauchs  32
The Gowk  33
Birthday  34
The Twa Mice  37

8

GHOSTS AND
OTHER SCARES

Bawsy Broon  40
The Muckle Man  40
In the Nicht  41
The Secret  42

9

WORDS AND
WONDERS

An Alphabet for
Caledonian Bairns  44
The Sark  45
The Tattie-bogle  45
Wha Wud Be a Tattie-
bogle?  46
The Auld Man  46
A Bairn's Sang  47
A Penny to Spend  48
Argie-bargie  48
The Jeely-bap  49
Blaeberry Mou'  49

The Sea-shell  50
Auld Sang  50
Thunder  51
Winter's Awa  51
The Lanely Mune  52
Day is Dune  52

10

RIDDLES

Riddles  54
*Answers to Riddles*  56

GLOSSARY  58

# INTRODUCTION

When William Soutar was a young man, his parents adopted a little girl called Evelyn. This inspired him to write many poems for children, and when he brought them together in a book he made sure that Evelyn's name was printed at the beginning. This book was a very special present to his sister, but since that time other boys and girls have been able to share in the fun.

Now it's your turn! You have in your hands a new selection of these wonderful poems which were written over sixty years ago. William Soutar was born in Perth in the year 1898 and died there in 1943. For the last thirteen years of his life he was unable to move from his bed because a terrible disease had damaged his spine. His friends—many of them were also poets—came to visit him. He couldn't visit them. They could travel the world and write about their experiences in other countries, but William Soutar had only the view from his bedroom window.

However, he was lucky to have a splendid imagination, and he made poems out of what he could see outside. Birds, animals and insects visited his garden; there was a sycamore tree, and flowers, and he loved the ways that the scene changed through autumn, winter, spring and summer. He could see the hills overlooking the city of Perth, and he thought much about the beautiful landscape beyond.

Illness couldn't rob him of his delight in words, the strong Scots words which he spoke himself and which he heard on the lips of his family and friends. He was also a great reader of the work of other poets who had written in the Scots language. In his bedroom he had a large collection of books which would be fetched for him; he used a hand-mirror to find out which book was where.

He believed that the Scots words could survive only if children were able to read, speak and enjoy them. If you and your friends like acting, why not get together and perform your favourite poems in this book? You could put together a 'William Soutar show'. Some of the poems have more than one character, making them mini-plays. There are many ways in which you can bring out the drama of a poem—for example, a boy reading one verse, a girl reading the next. You can have great fun putting on different voices and using your body (including your face!) to make the story more interesting.

Indeed, many of these poems tell stories. William Soutar loved the *ballads*—Scotland's ancient story-poems, which were put together when most people couldn't read or write. In order for a ballad to be passed from one person to another, it had to be learned by heart. That's why it tells the story quickly, without any fuss, but with a lot of drama. In his own ballads, William Soutar kept the flavour of these poems which had been made many centuries before.

From the old ballads, as well as from other Scottish poems from the past, William Soutar learned how to present scenes of the supernatural. He loved to scare his readers, and we've included a number of his ghost-poems. The Scots words are all part of the effect—the poems wouldn't be nearly as strong if they were in English. At the end of this book you'll find a glossary—a list of the less familiar Scots words with their meanings in English.

My nine-year-old daughter, Claire, has helped me choose William Soutar's poems for this book. I asked her what were her favourites, and she replied: 'I liked the animal poems, especially the ones about mice and cats, and the spooky poems like "Bawsy Broon".' We hope you'll enjoy reading this book as much as we enjoyed putting it together!

*Tom (...and Claire!)*

# 1
# PLANTS

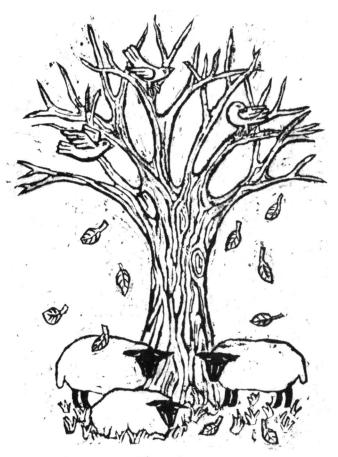

*The Daft Tree*

## THE THISTLE

Blaw, wind, blaw
The thistle's head awa:
For ilka head ye whup in the air
The yird will lift a hunner, or mair,
Doun in the lair o' yon sheuch be the schaw.


## THE DAFT TREE

A tree's a leerie kind o' loon,
Weel happit in his emerant goun
Through the saft simmer days:
But, fegs, whan baes are in the fauld,
And birds are chitterin wi' the cauld,
He coosts aff a' his claes.

# 2
# BUGS

*The Drucken Fuggie-Toddler*

# COORIE IN THE CORNER

Coorie in the corner, sitting a' alane,
Whan the nicht wind's chappin
On the winnock-pane:
Coorie in the corner, dinna greet ava;
It's juist a wee bit goloch
Rinning up the wa'.

# THE DRUCKEN FUGGIE-TODDLER

The fuggie-toddler's bummin'-fou:
Bumbleleerie bum:
The fuggie-toddler's bummin-fou
Wi' swackin up the hinny-dew:
Bumbleleerie bum,
Bum, bum.

He styters here and styters there;
Bumbleleerie bum:
He styters here and styters there,
And canna styter onie mair:
Bumbleleerie bum,
Bum, bum.

And doun ablow a daisy-fleur:
Bumbleleerie bum:
And doun ablow a daisy-fleur
He havers owre and owre and owre:
Bumbleleerie bum,
Bum, bum.

## ADVENTURE

There was a fikety emmick
Skirr'd frae the emmick-toun:
It snowkit east, it snowkit west,
It snowkit up and doun.

It cam upon a windlestrae
And warsl'd to the tap;
And thocht, nae dout, whan it was there:
*Man, I'm a gallus chap.*

Braid was the lift abune it;
Wide was the world ablow't:
And whatna ither emmick
Had seen sae muckle o't?

# THE VAUNTY FLEE

'By cricky!' bizz'd a vaunty flee,
As he caper'd in a corner:
'Gin there's a gleger spunk nor me
He maun be gey byor'nar.'

Wi' that a wabster frae his den
Popp't out, and nabb'd him fairly:
And snicher'd as he hail'd him ben:
'I'm gey byor'nar, shairly.'


# THE LOWPIN-MATCH

Fu' early in the mornin
A grass-happer and a taed
Forgether'd for a lowpin match
Doun by the water-side.

'Noo, wha can clear the burn
Will be champion': cried the taed:
And wi' nae argie-bargie
The happer was agreed.

The taed hoch't on his hunkers
Richt soupple-like and swack;
Nor kent the slicky happer
Had lichtit on his back.

# DAY AND NICHT

Like a flitterin fleur ye canna hear
The butterflee fluffers alang the air
Wi' licht ablow him and licht abune,
And the scarrow scougin ahint the stane.

But whan the gloamin is gether'd attowre,
And the mune comes up wi' a gawpus glower,
Out steers the clock sae bauld and burr
And breenges by wi' a bummerin whurr.


# WABSTER—THE SPIDER

Fae out a corner o' the wa'
The wabster hings but winna fa':
Syne rinnin up and rinnin doun;
Noo here, noo there, he'll trock aroun':
Fou sune he'll set, baith snug and spruce,
The gavels o' his wee bit house;
And cooried doun, far ben, he'll spy
Gin onie flee gangs bummin by.

# HISTORY

The man in harness sat alane,
Black-broo abune dour gab;
And watched a wabster, swung frae a stane,
Warstle to mak his wab.

Atween a lintel and the wa'
The beastie socht to win owre;
And aften he was like to fa'
Whan sweein back and fore.

Takin his breath eftir a bowt
He thocht wi' an angry girn:
'By hec! it's time this lubbertie lowt
Was aff to dae his turn.'

# 3

# BIRDS

*The Cock and the Hen*

# WULLIE WAGGLETAIL

Wee Wullie Waggletail, what is a' your stishie?
Tak a sowp o' water and coorie on a stane:
Ilka tree stands dozent, and the wind without a hishie
Fitters in atween the fleurs and shogs them, ane be ane.

What whigmaleerie gars ye jowp and jink amang the
      duckies,
Wi' a rowsan simmer sun beekin on your croun:
Wheeple, wheeple, wheeplin like a wee burn owre
      the chuckies,
And wagglin here, and wagglin there, and wagglin
      up and doun.

# THE COCK AND THE HEN

The cockie cried to the chickerin hen:
'Woman! what's a' this row:
Maun ye lat the hale o' the world ken
You'r a proud mither noo?

'Hae a look at me and bide mair douce:
Am I no your guid-man
Wha has the richt to be crawin crouse,
For I ca' up the sun?'

'Nae doot,' said the hennie wi' a geck,
'You'r a braw and birkie chap:
But I hae seen monie a thrawn neck—
And aye the sun cam up.'

## A WEET DAY

Doun cam the hale-water
And out cam the drake,
Gether'd a' his gagglin kimmers:
Quaick! Quaick! Quaick!

Furth frae the farm-toun
Alang the yirden straik,
Driddlin to the mill-hole:
Quaick! Quaick! Quaick!

Whaur's your bonnie birdies noo
And a' their clatter and claik?
Whaur's your whistlin billies noo?
Quaick! Quaick! Quaick!

## THE TWA CRAWS

As twa craws hunker'd on an aik
Amang the wintry weather;
The ane speer'd, wi' a cannie craik:
'D'ye hear what I hear, brither?'

Far doun ablow this frostit tree
A worm is at the rit o't:
An' will it no be you an' me
That nab what we can get o't?'

They howk't, an' howk't, wi' a' their micht
Or day began tae wester:
They howk't or they were oot o' sicht,
An' aye they wrocht the faster.

They howk't themsel's intae a swite,
An' the gaucy mune cam gowkin:
Nae doot, gin they've fund naethin' yet,
They haud on wi' their howkin.


## CORBIE SANG

The merle in the hauch sings sweet,
The mavie on the hill:
But I mak merry at my meat
And craik to please mysel'.
The licht maun low'r, the sang maun owre,
The grumlie nicht be lang:
Ye canna glowk afore ye howk
Sae lat your straik be strang.

O! bonnie is the simmer sun
And the flourish on the tree:
But the mauchies in a murlie bane
Are bonnier to me.
The wind maun blaw, the fleur maun fa',
The grumlie nicht be lang:
Ye canna glowk afore ye howk
Sae lat your straik be strang.


## TRADITION

'Heh! young folk arena what they were:'
Wheeng'd the auld craw to his cronie:
'Sic gallivantin here and there,
Sic wastrie and aye wantin mair;
Their menners far frae bonnie.

'Eh me! it's waur and waur they get
In gumption and decorum:
And sma' respec' for kirk or state.'
Wi' that the auld craw wagg'd his pate
As his faither did afore him.


## AE SIMMER'S DAY

Up by the caller fountain,
A' through a simmer's day,
I heard the gowk gang cryin
Abune the ferny brae.

The reemlin licht afore me
Gaed up; the wind stude still:
Only the gowk's saft whistle
Lowden'd alang the hill.

The wee burn loppert laichly;
A bird cam and was gaen:
I keekit round ahint me
For I was a' my lane.


## THE GOWK

Half doun the hill, whaur fa's the linn
Far frae the flaught o' fowk,
I saw upon a lanely whin
A lanely singin gowk:
*Cuckoo, cuckoo,*
And at my back
The howie hill stude up and spak:
*Cuckoo, cuckoo.*

There was nae soun': the loupin linn
Hung frostit in its fa':
Nae bird was on the lanely whin
Sae white wi' fleurs o' snaw:
*Cuckoo, cuckoo,*
I stude stane still;
And saftly spak the howie hill:
*Cuckoo, cuckoo.*

# 4
# BEASTS

*Come and Go*

## AINCE UPON A DAY

Aince upon a day my mither said to me:
Dinna cleip and dinna rype
And dinna tell a lee.
For gin ye cleip a craw will name ye,
And gin ye rype a daw will shame ye;
And a snail will heeze its hornies out
And hike them round and round about
Gin ye tell a lee.

Aince upon a day, as I walkit a' my lane,
I met a daw, and monie a craw,
And a snail upon a stane.
Up gaed the daw and didna shame me:
Up gaed ilk craw and didna name me:
But the wee snail heez'd its hornies out
And hik'd them round and round about
And—goggl'd at me.


## THE WISH

Doun in the dark a worm thocht lang
Hoo braw it wud be to sing:
For there's far mair hert'nin in a sang
Nor in onie ither thing.

A mavie wha was takin a turn
Cam by and cockit his pow
To hear the bit cratur sech and girn
Doun there in its hidie-howe.

'I maun dae my best for this puir wee smout,'
Lauch't the mavie to himsel':
'He'll mak a braw sang wud he but come oot—
And learn hoo to flee as weel.'

## EEKSY-PEEKSY

The sun hov'd owre the braes o' Balquhidder
And wi' a glisky glunt
Keek't into the hoddie-hole o' an edder
Doun by a heather runt.

'Aye! you'r a braw and gey brave body':
Said the edder to the sun:
'But you'll slunker awa to your ain hoddie
Afore the day is dune.'

## THE WAEFAE WEE LASSIE

Wae and willawackits,
Poussie's in the burn:
Collie's aff to bury a bane:
Robin owre the fields has gaen:
Wha am I to be alane
And a mousie in the kirn:
And a mousie in the kirn.

## A WHIGMALEERIE

There was an Auchtergaven mouse
(I canna mind his name)
Wha met in wi' a hirplin louse
Sair trauchl'd for her hame.

'My friend, I'm hippit; and nae doot
Ye'll heist me on my wey.'
The mouse but squinted doun his snoot
And wi' a breenge was by.

Or lang he cam to his ain door
Doun be a condie-hole;
And thocht, as he was stappin owre:
*Vermin are ill to thole.*

## FORECAST

Out cam the faither mouse
And snowkit the snell air:
'Lod! it's lookin gey like snaw
But I wudna be owre shair.'

Out cam the mither mouse
And gien a snuff or twa:
'Guidman, I wudna say for shair
But it's lookin gey like snaw.'

Out cam the grannie mouse
And thocht she smelt the cat:
'Heh, buddies! it's high-time to gang in
And I'm shair eneuch o' that.'

## BAUKIE—THE BAT

Noo that the mirk hings round the house
Come out and see the fleein-mouse:
Attowre the lum the wee, broun baest
Gangs lowpin, laichly as a ghaist.
Listen! he's cheepin wi' his mou:
Listen! I canna hear him noo.


## PUDDLE-DOO

Puddle-doo the puddock
Gat up ae simmer morn,
And he wud be a hunter
But hadna onie horn.

He taen awa the bummer
Frae aff a bummle-bee;
And thocht: 'It's no a bugle
But it's guid eneuch for me.'

Puddle-doo the hunter
For want o' onie whup
Sneckit aff a mousie's tail
And taen it in his grup.

Crack! gaed the mousie's tail,
And Puddle was richt proud:
'Noo, a' I need's a naigie
And I'm ready for the road.'

But Puddle fund nae naigie
Though he socht baith howe and hill:
Sae he bumml'd on his bummer
And whuppit up himsel'.

## THE THREE PUDDOCKS

Three wee bit puddocks
Sat upon a stane:
Tick-a-tack, nick-a-nack,
Brek your hawse-bane.
They lookit in a dub
And made nae sound
For they saw a' the sterns
Gang whummlin round.

Then ane lauch't a lauch
Gowpin wide his gab,
And plunkit doun into the dub
But naething cud he nab:
And wi' a mou o' mools
He cam droukit out again:
Tick-a-tack, nick-a-nack,
Brek your hawse-bane.

Anither lauch't a lauch
(Wha but gowks wud soom)
And cockit on his stany knowe
Afore the dub wud toom;
Then he growpit in the glaur
Whaur he thocht the sterns had gaen:
Tick-a-tack, nick-a-nack,
Brek your hawse-bane.

The hinmaist lauch't a lauch,
Coostin up his croun;
And richt into his liftit e'en
The sterns were lauchin doun.
Cauld, cauld, the wheeplin wind;
Cauld the muckle stane:
Tick-a-tack, nick-a-nack,
Brek your hawse-bane.


## PASTORAL

Mawkin cockit up a lug
On the whinny law,
And listen'd to the farmer's dug
Yowtin far awa.

Richt attowre the farm-toun
The simmer sun stude still;
But aye the tyke gaed wowffin on
And *wowf!* cried the hill.

## COME AND GO

The mouse was keekin at the rat:
The rat was keekin at the cat:
The cat was keekin at the cream;
And they a' thocht o' a guid-time.

But round the corner bowff't a tyke:
The cat gaed scrammlin up the dyke:
The rat breeng'd back into its hole;
And the mouse cowp't owre its ain tail.

# 5
# FOLK

*Wha Lauchs Last*

# THE TWA MEN

Twa men there were: the ane was stout,
The ither ane was thin.
The thin man's taes a' shauchl'd out;
The stout man's shauchl'd in.

Whan Ticky saw the splayvie ane
He glower'd and whurl'd about:
'I'm gled my taes are a' turn'd in,
They micht hae a' turn'd out.'

Up owre the brae auld Splayvie gaed
And aft a lauch he loot:
'It's awfae to be ticky-taed,
I'm gled my taes gang out.'

# WEE WULLIE TODD

O wae's me for wee Wullie Todd
Wha aye was sayin Na!
For there cam by a whiffinger
And whuppit him awa.

His mither grat, his faither murn'd,
His tittie frunsh'd wi' fricht:
But grannie stampit through the house
And swore it sair'd him richt.

# BLACK DAY

A skelp frae his teacher
For a' he cudna spell:
A skelp frae his mither
For cowpin owre the kail.

A skelp frae his brither
For clourin his braw bat:
And a skelp frae his faither
For the Lord kens what.

# WHA LAUCHS LAST

As Jock Norrie gaed owre the Almond Brig
Alang wi' Erchie Trotter
A blowthery blaw taen his bannet awa
And birl'd it into the water.

And wasna it Erchie who lauch't and lauch't,
And had sma' thocht to be sorry,
Or anither blaff ca'd his ain bannet aff—
And that was a different story.

# THE PRINCESS ANASTASIA

The Princess Anastasia
Look't frae the turret wa';
And saw ahint the mirkl'd hill
A flichterin star fa'.

The Princess Anastasia
Stude in the licht o' the mune,
And ane be ane her siller tears
Drapp't clear and glisterin.


## INTERLUDE

Napoleon had the teethache
And cudna wark nor rest,
But stampit in a corner
Girnin like a beast.

And a' his braw field-marshals,
Wha rattl'd in frae war,
Cam keekin at the keyhole
But daur'dna tirl the door.

And whan Napoleon beller'd
Wi' a byord'nar stound
His cockit-hatted marshals
Lowp't clean aff the grund.

# 6
# PLACES

*Craigie Knowes*

# HOLIDAY

Ablow the green cleuch o' Kinnoull
Whan the tide slooms up the Tay,
Yon's the airt for a rovin lad
Wha has a' roads to gae:

A penny parley in his pouch
And a chunk o' bread and cheese:
The water bricht wi' merrygowds
And the wind wi' butterflees.


## CRAIGIE KNOWES

Gin morning daw
I'll hear the craw
On Craigie Knowes
Wauk up the sin:

Wauk up the sin
Wi' caw on caw
Whan day comes in
On Craigie Knowes:

On Craigie Knowes
A' round about
I'll hear the craw
Or day be dune:

Or day be dune
And sterns come out,
And houlets hoot
On Craigie Knowes.

## THE BUCKIE BRAES

It isna far frae our toun
Be onie gait that gaes;
It isna far frae our toun
To gang to the Buckie Braes;
Whaur the wee linn lowps the craigies
And whaur the cushats croun;
And the happers in the growthy grass
Are diddlin owre their tune;
Wi' a chickie-chick-chickerie,
Dickie-dick-dickerie,
Tickie-tick-tickerie,
Jiggety-jig.

Monie a bairn frae our toun
In the canty simmer-days;
Monie a bairn frae our toun
Haiks up to the Buckie Braes,
Whaur the birk links in wi' the rodden
And the burnie rinnles doun;
And the happers in the growthy grass
Are diddlin owre their tune;
Wi' a chickie-chick-chickerie,
Dickie-dick-dickerie,
Tickie-tick-tickerie,
Jiggety-jig.

# 7
# BALLADS

*The Twa Mice*

# THE HUNGRY MAUCHS

There was a moupit, mither mauch
Wha hadna onie meat;
And a' her bairns, aye gleg to lauch,
Were gether'd round to greet.

'O mither, mither, wha was yon
That breisted on through bluid:
Wha crackit crouns, and wrackit touns,
And was our faithers' pride?

'O mither, mither, wha was yon
That was sae frack and fell?'
'My loves, it was Napoleon
But he's sma' brok himsel'.'

'Noo lat us a' lowt on our knees,'
The spunkiest shaver said:
'And prig upon the Lord to gie's
Napoleon frae the dead.'

The mither mauch began to lauch:
'Ye needna fash nor wurn:
He's clappit doun, and happit roun',
And in a kist o' airn.'

'O whaur, O whaur's my faither gaen?'
The peeriest bairn outspak.
'Wheesht, wheesht, ye wee bit looniekin,
He'll fetch a ferlie back.'

'Will he bring hame Napoleon's head
To cockle up my kite?'
'He'll bring ye hame the wuff o' bluid
That's reid and rinnin yet.'


## THE GOWK

Ayont the linn; ayont the linn,
Whaur gowdan wags the gorse,
A gowk gaed cryin: 'Come ye in:
I've fairins in my purse.

'My bield is o' the diamond stane
Wi' emerant atween:
My bonnie een are yours alane,
An' rubies are my een.'

My faither brak a sauchy stick;
My mither wal'd a stane:
An' weel I set it for the trick
Tae mak the gowk my ain.

The stane was set; the shot was shot;
The flichterin burd was fund:
But nocht aboot that lanely spot
O' gowd or diamond.

It had nae siller for a croun;
Nae rubies for its een:
But a' the crammasy ran doun
Whaur aince its breist had been.

I look't; an' there was nane tae see
The fairin I had taen:
I hung it on a roden-tree
An' left it a' alane.

## BIRTHDAY

There were three men o' Scotland
Wha rade intill the nicht
Wi' nae mune lifted owre their crouns
Nor onie stern for licht:

Nane but the herryin houlet,
The broun mouse, and the taed,
Kent whan their horses clapper'd by
And whatna road they rade.

Nae man spak to his brither,
Nor ruggit at the rein;
But drave straucht on owre burn and brae
Or half the nicht was gaen.

Nae man spak to his brither,
Nor lat his hand draw in;
But drave straucht on owre ford and fell
Or nicht was nearly dune.

There cam a flaucht o' levin
That brocht nae thunner ca'
But left ahint a lanely lowe
That wudna gang awa.

And richt afore the horsemen,
Whaur grumly nicht had been,
Stude a' the Grampian Mountains
Wi' the dark howes atween.

Up craigie cleuch and corrie
They rade wi' stany soun',
And saftly thru the lichted mirk
The switherin snaw cam doun.

They gaed by birk and rowan,
They gaed by pine and fir;
Aye on they gaed or nocht but snaw
And the roch whin was there.

Nae man brac'd back the bridle
Yet ilka fit stude still
As thru the flichterin floichan-drift
A beast cam doun the hill.

It steppit like a stallion,
Wha's heid hauds up a horn,
And weel the men o' Scotland kent
It was the unicorn.

It steppit like a stallion,
Snaw-white and siller-bricht,
And on its back there was a bairn
Wha low'd in his ain licht.

And baith gaed by richt glegly
As day was at the daw;
And glisterin owre hicht and howe
They saftly smool'd awa.

Nae man but socht his brither
And look't him in the e'en,
And sware that he wud gang a' gates
To cry what he had seen.

There were three men o' Scotland
A' frazit and forforn;
But on the Grampian Mountains
They saw the unicorn.

## THE TWA MICE

Doun in Drumclog there was a mouse
Wha bade wi' his guid-brither:
Stane-blind he was; but kent nae doot
His ae thoumb frae the tither.

For he had sic a nackie snoot
And was sae gleg o' hearin,
That he cud tell ye what was what
Afore ye thocht o' speerin.

Ae nicht whan beddit on the strae,
Ben in their hole sae hoddie,
The blind mouse wauken'd wi' a whuff
That cam frae birslin crowdie.

'Brither!' he wheep't, and lowp't attour:
'This is nae time for snorin:
Oor kytes were toom whan we lay doun
But they'll be fou the morn.

'Tak ye a ticht haud o' my tail,
Sin it be pit-mirk, brither;
And I'll gang on mair forretsome
Nor you or onie ither.'

Oot frae their hoddie-hole they steer'd
Wi' a' the world afore them:
And they'll be gey far-traikit noo—
Gin naething has come owre them.

# 8
# GHOSTS AND OTHER SCARES

*The Secret*

# BAWSY BROON

Dinna gang out the nicht:
Dinna gang out the nicht:
Laich was the mune as I cam owre the muir;
Laich was the lauchin though nane was there:
Somebody nippit me,
Somebody trippit me;
Somebody grippit me roun' and aroun':
I ken it was Bawsy Broon:
I'm shair it was Bawsy Broon.

Dinna win out the nicht:
Dinna win out the nicht:
A rottan reeshl'd as I ran be the sike,
And the dead-bell dunnl'd owre the auld
        kirk-dyke:
Somebody nippit me,
Somebody trippit me;
Somebody grippit me roun' and aroun':
I ken it was Bawsy Broon:
I'm shair it was Bawsy Broon.


## THE MUCKLE MAN

There was a muckle man
Wi' a muckle black beard
Wha rade a muckle horse
Through a muckle kirk-yaird:

Hallachin and yallachin
He rattl'd on the stanes:
Hallachin and yallachin
He birl'd abune the banes:

Up and doun and up and doun
Wi' muckle steer and stour,
Wallopin a muckle whup
Owre and owre and owre.


## IN THE NICHT

Yon's the queer hour whan a' be yoursel'
Ye wauken in the mirk;
And far awa ye can hear the bell
Dinnle abune the kirk.

Yon's the queer hour whan the fittery clock
Comes knappin alang the wa';
And your hert begins to knockity-knock,
And your breath canna ca'.

Yon's the queer hour whan the murlin mouse
Charks on and is never dune;
And the wind is wheemerin round the house:
*Lat me in, lat me in!*

# THE SECRET

The grave-stanes at Kinclaven Kirk
Are cantl'd a' agee;
And wha staigs by in the pit-mirk
May hear what he canna see.

And it winna be the puddock's croak,
Nor the burn that saftly drools,
But the singin o' the corpie-folk
Maunnerin up frae the mools.

And it winna be at the midnicht hour,
But whan the grey is near,
That yon lilt that was sae laich afore
Will be soundin licht and clear.

There is but ane in Kinclaven toun
Wha kens what he daurna tell;
And he has the face o' a leerie loon
Aye lauchin to himsel'.

# 9
# WORDS AND WONDERS

*The Jeely-bap*

# AN ALPHABET FOR CALEDONIAN BAIRNS

A     for an aik,

B     for a bake,

C     for a corbie-craw ca'in craik! craik!

D     for a doo,

E     for a ewe,

F     for a flitter-mouse fleein flichtfu'.

G     for a gook,

H     for a heuk,

I     for an ill-wind in the ingle-neuk.

J     for a jay,

K     for a kay,

L     for a lang-legg't loon lampin owre the lay.

M     maks a maen,

N     never nane,

O     cries ochonerie, ochone and ochaine!

P     for a pack,

Q     for a quack,

R     for a rodden-deer rowtin on a rock.

S     for a sporran,

T     for a thorn,

U     for that unco beast our ain unicorn.

V     for a virl,

W     for a whirl,

Y     for the yarie and yanky yellow-yorl.

# THE SARK

'A braw day:' thocht the sark;
'A bonnie, braw day:
Come on, wind, and dae your wark,
I hinna lang to stay.

'The burly sun is owre the ben,
The cockieleeries craw;
And I wud lowp on the washin-green:
Blaw, bluffert, blaw!'

# THE TATTIE-BOGLE

The tattie-bogle wags his airms:
Caw! Caw! Caw!
He hasna onie banes or thairms:
Caw! Caw! Caw!

We corbies wha hae taken tent,
And wamphl'd round, and glower'd asklent,
Noo gang hame lauchin owre the bent:
Caw! Caw! Caw!

# WHA WUD BE A TATTIE-BOGLE?

Wha wud be a tattie-bogle
Dringin oot his days:
Wha wud be a tattie-bogle
In castawa claes?

A wudden-leg aye on the shoggle:
Airms aye streekit wide:
Wha wud be a tattie-bogle
And thole sic a trade?

Scowtherie days to gar ye joggle;
Stourie days atween:
Wha wud be a tattie-bogle
Is mair nor I ken.


# THE AULD MAN
## (A Windmill)

An auld man stands abune the hill:
*Crick-crack, crick-crack.*
He's unco comfie gin he's still:
*Crick-crack creeshie.*

But whan his airms flee round and round:
*Crick-crack, crick-crack:*
He deaves the clachan wi' his sound:
*Crick-crack creeshie.*

His spauls jirg on like murlin stanes:
*Crick-crack, crick-crack.*
The weet has roustit a' his banes:
*Crick-crack creeshie.*
The weet has roustit a' his banes;
*Crick-crack creeshie.*

## A BAIRN'S SANG

Round and around and a three times three;
Polly and Peg and Pansy:
Round and around the muckle auld tree;
And it's round a' the world whan ye gang wi' me
Round the merry-metanzie:
And it's round a' the world whan ye gang wi' me
Round the merry-metanzie.

The wind blaws loud and the wind blaws hee;
Polly and Peg and Pansy:
Blaw, wind, blaw, as we lilt on the lea;
For it's round a' the world whan ye gang wi' me
Round the merry-metanzie:
For it's round a' the world whan ye gang wi' me
Round the merry-metanzie.

## A PENNY TO SPEND

Dod has gotten his grip on a penny
And noo he winna stop
Or he's owre the brae to Forgandenny
And Grannie Panton's shop.

The winnock's gowpen-fou o' ferlies
Sae lickery for the lips;
Zulu-rock and curly-wurlies
And everlastin-stripes:

Sugary cocks and sugary hennies,
Blue-ba's and marzipan mice:
*Lod! ye wud need a poke-fou o' pennies*
*To mak the maist o' this.*


## ARGIE-BARGIE

Said the mealie-puddin to the bluidy-puddin:
'I canna believe my e'en:
For I wud as lour hae a blackamoor
As hae you for my next-o'-kin.'

Said the bluidy-puddin to the mealie-puddin:
'By heckie! there's mair to tell:
For I wudna be glib to awn that my sib
Was a cauld parritch-poke like yoursel'.'

## THE JEELY-BAP

Watty wi' a jeely-bap,
Whan breengin frae the door,
Be a stane was trippit up
And sprattl'd in the stour.

Wha can dicht a jeely-piece
Or thole a thorter'd hunger?
Wha sae wally and sae wise
But kens a greetin anger?

Watty in a birse lowp't up
As tousl'd as a tyke;
And wi' a fling his bruckit bap
Gaed fleein owre the dyke.


## BLAEBERRY MOU'

The flitterin faces come doun the brae
And the baskets gowd and green;
And nane but a blindie wud speer the day
Whaur a' the bairns hae been.

The lift is blue, and the hills are blue,
And the lochan in atween;
But nane sae blue as the blaeberry mou'
That needna tell whaur it's been.

## THE SEA-SHELL

Listen! for a lost world maunners here
Frae the cauld mou o' a shell;
And sae far awa the blufferts blare
And the sea-birds skreel:

And the wail o' women alang yon shore
Whaur the swaw comes rowin in;
And the swurly waters whummlin owre
The cry o' the sailor-men.


## AULD SANG

I brocht my love a cherry
That hadna onie stane:
I brocht my love a birdie
That hadna onie bane:
I brocht my love a wauchtie
That wasna sour nor sweet:
I brocht my love a bairnie
That didna girn nor greet.

The cherry that I gien him
Was flauntin in the fleur;
The birdie that I taen him
Was nested no an hour:
The wauchtie that I socht him
Cam glintin frae the grund:
The bairnie that I brocht him
Had been lang sleepin sound.

# THUNDER

A' the folk o' the earth bide unco douce,
And the chittery birds clap oot o' sicht,
For yon dunderin beast has gottan lowse
And blares frae his muckle black mouth wi' micht,
And gollops the licht.

He comes blatterin owre the mountain-taps:
He rips up the lift like a rotten clout:
And furth frae the pit o' his gantin chaps
His flichterin forky-tongue whups oot
And whitters aboot.

The hills coorie down as he bullers by:
The trees are trummlin; and mair and mair
He gars the hale o' us gledge agley,
Or the bauldest haud their breath wi' fear
Whan he rowts owre near.


## WINTER'S AWA

Noo the snaw creeps fae the braes
And is gaen:
Noo the trees clap on their claes
Ane be ane:
Yonder owre the windy muir
Flees the craw;
And cries into the caller air,
*Winter's awa!*

# THE LANELY MUNE

Saftly, saftly, through the mirk
The mune walks a' hersel':
Ayont the brae; abune the kirk;
And owre the dunnlin bell.
I wudna be the mune at nicht
For a' her gowd and a' her licht.


# DAY IS DUNE

Lully, lully, my ain wee dearie:
Lully, lully, my ain wee doo:
Sae far awa and peerieweerie
Is the hurlie o' the world noo.

And a' the noddin pows are weary;
And a' the fitterin feet come in:
Lully, lully, my ain wee dearie,
The darg is owre and the day is dune.

# 10
# RIDDLES

## 1

It has an e'e but canna see:
It stands richt tipper-taed:
It can mak a man get up and rin;
Yet we chain it wi' a threed.

## 2

My head is in the hicht:
Hills are atween my feet:
My faither is the licht:
My mither is the weet.

## 3

What can hail but canna hear;
And answer back but canna speer?

## 4

Aye at his meat was monie-feet
Or he cud eat nae mair;
Syne wuppit in a windin' sheet
Likes he was for the lair.

Death thocht an unco thocht nae doot
Whan, wi' the simmer sin,
The canty corp cam warslin oot
Mair braw nor he gaed in.

## 5

I am ae thing:
I am nae thing:
Baith a big and sma' thing;
And belang to a' thing.

## 6

Lizzie wi' the lowin' locks,
Sae jimpy and sae neat,
Whan the nicht comes owre the knocks
Aye begins to greet:

Aye begins to greet sae sair,
Whan it's nicht-at-eenie,
For-a-be her bonnie hair
And her snaw-white peenie.

## 7

There is a reid beastie, aye tether'd sae ticht,
Wha bides in its den and is maist oot o' sicht;
But monie a time, gin a body gang near,
It will rummel, and rout, and mak sic a steer.

## 8

Wi' a bairn it winna be:
Wi' a wife it winna gree:
Wi' a man it winna dee.

# 9

Although it rins
It canna walk:
Although it twines
It canna gae back:

Although it fa's
It canna brek:
Although it ca's
It canna speak.


## ANSWERS TO RIDDLES

1  *A needle*
2  *A rainbow*
3  *An echo*
4  *A caterpillar*
5  *A shadow*
6  *A candle*
7  *The tongue*
8  *A beard*
9  *A stream*

# GLOSSARY

## A

*abune*—above
*ae*—one
*agee*—awry
*agley*—off the right line
*aik*—oak
*airn*—iron
*airt*—a direction; way
*attowre*—over; beyond
*awn*—to own

## B

*baes*—sheep; beasts generally
*bane*—bone
*baukie*—a bat
*beek*—to warm
*ben*—within; inside
*bield*—shelter
*billie*—a happy young lad
*birk*—birch-tree
*birkie*—lively; smart
*birl*—to rotate; hurry along
*birse*—temper; anger
*birsle*—to scorch; toast
*blaff*—a blast
*blowthery*—gusty
*bluffert*—a blast of wind
*bowff*—to bark
*bowt*—a bout; spell of work
*breenge*—to run impetuously
*breist*—to press forward
*brok*—fragments; refuse; rubbish
*bruckit* —soiled; grimy
*buller*—to bellow
*burr*—sturdy; thick-set in build
*byord'nar, byor'nar*—out of the common; unusual; superior

## C

*caller*—fresh; cool
*cantle*—to tilt up
*canty*—lively; cheerful
*chaps*—chops; jaws
*chark*—to make a grating noise
*chitter*—to twitter
*chuckie*—a pebble
*clachan*—a small village
*claik*—to talk much in a trivial way; blether
*cleip*—to play the tell-tale
*cleuch*—a precipice; ravine; narrow glen
*clock*—a beetle
*clour*—to dent; damage
*clout*—a rag; a cloth
*cockleleerie*—the crowing of a cock
*cockle*—to pamper
*coorie*—to crouch
*corbie*—a raven
*corbie-craw*—the carrion crow
*corrie*—a hollow on the side of a mountain or between mountains
*cowp*—to upset
*craigie*—a crag
*crammasy*—crimson
*croun*—the head
*crouse*—bold; confident; cheerful; proud
*crowdie*—a mixture of pure curd with butter; porridge; food in general
*cushat*—a pigeon

## D

*darg*—work
*daurna*—dare not

*deave*—to deafen
*dicht*—to wipe clean
*doo*—a dove
*dozent*—half-asleep; stupid
*diddle*—to hum a tune without words
*driddle*—to dawdle
*dringin*—lingering; loitering
*droukit*—soaked
*drucken*—drunk
*dub*—a puddle
*dunder*—to make a loud, reverberating noise
*dunnle*—to ring with a hollow sound

E

*edder*—an adder
*eeksy-peeksy*—equal; exactly alike
*emerant*—green (colour); emerald
*emmick*—an ant

F

*fairin*—a present
*fash*—to trouble; vex
*fegs*—truly! exclamation of surprise
*fell*—ruthless; strong; energetic
*ferlie*—a wonder
*fikety*—restless
*fitter*—to potter about
*flaucht*—a flash
*flaught*—hurry; bustle
*flee*—a fly
*flitter-mouse*—a bat
*floichan*—a flake of snow
*for-a-be*—notwithstanding
*forretsome*—forward; bold
*fou*—(1) full; (2) drunk

*frack*—bold; eager
*frazit*—astonished
*frunsh*—to whine
*fuggie-toddler*—a small yellow bee

G

*gait*—gate; way; journey
*gallus*—adventurous; roisterous
*gantin*—gaping
*gar*—to cause; compel
*gaucy*—plump; jolly; large
*gavel*—a gable
*gawpus*—vacant
*geck*—a gesture of derision
*gey*—very; considerably
*glaur*—mire
*gledge*—to look askance
*gleg*—quick in action or understanding
*glisky*—briskly moving; glancing
*glowk*—the sound made by crows or ravens over carrion
*glunt*—a gleam
*gollop*—to gulp
*goloch*—an earwig
*gowd*—gold
*gowk*—the cuckoo; a fool
*gowp*—to gulp; to stare with open mouth
*gree*—be suitable
*growp*—to grope
*guid-brither*—brother-in-law
*guid-man*—husband

H

*haik*—to wander
*hale*—whole; in good health
*hallach*—to act noisily
*happer*—a grasshopper

*happit*—wrapped; covered up
*hauch*—low-lying ground by
 a river or stream
*havers*—nonsense
*hawse-bane*—neck-bone
*hee*—high
*heeze*—to lift up
*heist*—to lift up
*herry*—to rob
*hert'nin*—encouragement;
 strengthening
*heuk*—a sickle
*hike*—to swing; sway
*hinmaist*—last
*hippit*—muscle-weary
*hirple*—to hobble along
*hoddie*—hidden; concealed
*houlet*—an owl
*howk*—to dig out
*hunker*—to squat
*hunkers*—haunches
*hurlie*—a tumult


I

*ingle-neuk*—fireside


J

*jeely-bap*—jam-sandwich
*jimpy*—neat; slender
*jirg*—to creak
*jowp*—to splash


K

*kail*—broth
*kay*—jackdaw
*keek*—to glance; peep
*kimmer*—a gossip
*kirn*—a churn
*kist*—a chest; coffin
*kite*—the belly
*knap*—to knock; rap

*knock*—a knoll


L

*laich*—low
*lair*—a grave-plot
*lamp*—to stride
*lauch*—to laugh
*law*—a roundish hill
*lay*—a lea
*leerie*—silly; slightly mad
*levin*—lightning
*lift*—the sky
*linn*—a waterfall
*lochan*—a small loch
*lopper*—to ripple
*loup*—to leap
*lour*—to desire; wish
*lowden*—to quieten
*lowe*—to glow
*lowp*—to leap
*lowt*—(1) a lout (2) bend down
*lubbertie*—lazy
*lum*—a chimney


M

*maen*—moan
*mauch, mauchie*—a maggot
*maunner*—to mumble; sound
 indistinct like an echo
*maunners*—manners
*mavie*—the song-thrush
*mawkin*—the hare
*merrygowd*—marsh-marigold
*merry-metanzie*—a children's
 ring game
*mirk*—darkness
*monie-feet*—many-feet
*mools*—the earth of the
 grave; fine soil
*mou'*—mouth
*moupit*—in apparent ill

health; drooping
*muckle*—large; great
*mune*—the moon
*murl*—to moulder; crumble

## N
*nackie*—clever; ingenious
*naigie*—a horse (nag)
*nicht-at-eenie*—children's playtime just before going to bed

## O
*ochonerie, ochone and ochaine*—interjections, from Gaelic, expressing sorrow
*or*—before

## P
*parley*—a small, thin ginger-bread cake
*parritch*—porridge; food in general
*peenie*—a pinafore
*peerie*—tiny; small
*peerieweerie*—very small
*pit-mirk*—deep darkness
*poke*—a sack; bag
*pow*—the head
*prig*—to plead
*puddock*—a frog

## R
*reemle*—to move with a tremulous motion
*reeshle*—to rustle
*rit*—root
*roch*—rough; coarse
*rodden, roden-tree*—the rowan tree

*rottan*—a rat
*rout, rowt*—to roar
*runt*—a hard, dry stalk
*rype*—to steal

## S
*sair*—(1) sorely; (2) serve
*sark*—a shirt
*sauchy*—willowy; springy
*scarrow*—a shadow
*schaw*—a little wood
*scoug*—to shelter; hide
*scowtherie*—blustery, rainy, snowy
*sech*—sigh
*shauchle*—to walk in a shuffling manner
*sheuch*—a furrow
*shog, shoggle*—to shake
*sib*—closely related
*siller*—silver
*sin*—sun
*skirr*—to scurry; scour
*skreel*—to scream
*sloom*—to move slowly and silently
*sma'*—small
*smool*—to slip away
*smout*—a small animal
*sneck*—to snap; cut
*snell*—keen; severe
*snicher*—to snigger; titter
*snowk*—to nose about; pry curiously
*soom*—to swim
*spaul*—a joint
*speer*—to ask; question
*splayvie*—flat-footed
*sprattle*—to sprawl
*spunk*—a lively, plucky person
*spunkie*—lively; plucky

*staig*—to stalk with a stately step

*stern*—a star

*stishie*—bustle

*stound*—a heavy blow

*stourie*—dusty

*straik*—a stretch of ground; to journey

*streekit*—laid out

*styter*—to stagger

*swack*—(1) to drink deeply; (2) active; lithe; supple

*swaw*—a wave; swing of the sea

*swite*—sweat

*swither*—to flurry

*swurly*—eddying

## T

*tae*—(1) to; (2) toe; (3) also

*taed*—a toad

*tattie-bogle*—a scarecrow

*thairms*—intestines

*thole*—to bear; put up with

*thorter'd*—thwarted

*thrawn*—stubborn

*ticky-taed*—in-toed

*tipper-tae*—tiptoe

*tirl*—to twirl round

*tittie*—sister

*tousl'd*—rumpled

*traikit*—worn out by wandering

*trauchle*—to burden; drag one's feet

*trock*—odd job; to be busy with such

*tyke*—a dog

## U

*unco*—uncommonly; very great

## V

*vaunty*—boastful; exultant

*virl*—a ferrule

## W

*wabster*—a weaver; spider

*waefae*—woeful; sad

*wally*—jolly; pleasant

*wamphle*—to flap about

*warsl'e, warstle*—to struggle; strive

*wauchtie*—a draught

*waur*—worse

*weet*—the rain; wet

*wheenge*—to whine

*wheep*—to whistle; squeak

*whiffinger*—a vagabond

*whigmaleerie*—a whim; fantastical notion

*whitter*—to move with lightness and velocity

*whup*—(1) a whip; (2) to jerk

*willawackits*—woe is me!

*windle-strae*—withered grass-blade

*winnock*—a window

*wrack*—to break into bits; to ruin

*wurn*—to be peevish and complaining

## Y

*yallach*—to shout

*yanky*—active

*yarie*—alert

*yellow-yorl*—the yellowhammer

*yird*—the earth

*yirden*—a garden

*yowt*—to howl